A, B, C

FRANÇAIS.

A TOUL,

Chez Vᵉ BASTIEN, IMPRIMEUR-LIBRAIRE,

Rue Michâtel, nº 546.

O CRUX, AVE!
SPES UNICA.

A B C D E
F G H I J
K L M N O P Q
R S T U V X Y Z.

a b c d e f g h i j
k l m n o p q r s
t u v x y z.

Les Voyelles.

a e i o u y.

Les Consonnes.

b c d f g h j k l m n p q r s t v x z.

Chiffres arabes.

1 2 3 4 5 6 7 8 9 0.

Syllabes de deux lettres.

Ba be bi bo bu.
Ca ce ci co cu.
Da de di do du.
Fa fe fi fo fu.
Ga ge gi go gu.
Ha he hi ho hu.
Ja je ji jo ju.
Ka ke ki ko ku.
La le li lo lu.
Ma me mi mo mu.
Na ue ni no nu.
Pa pe pi po pu.
Qua que qui quo quu
Ra re ri ro ru.
Sa se si so su.
Ta te ti to tu.
Va ve vi vo vu.
Xa xe xi xo xu.
Za ze zi zo zu.

INSTRUCTION CHRÉTIENNE.

L'Oraison Dominicale.

No tre Pè re qui ê tes dans les ci eux, que vo tre nom soit sanc ti fié, que vo tre rè gne ar ri ve, que vo tre vo lon té soit fai te en la ter re com me au Ciel. Don nez nous au jour d'hui no tre pain quo ti dien, et par don nez nous nos of fen ses com me nous par don nons à ceux qui nous ont of fen sés, et ne nous lais sez pas suc com ber à la ten ta ti on; mais dé li vrez nous du mal. Ain si soit-il.

La Salutation Angélique.

Je vous salue, Marie, pleine de grâce, le Seigneur est avec vous, vous êtes bénie entre toutes les femmes, et Jésus, le fruit de vos entrailles, est béni.

Sainte Marie, Mère de Dieu, priez pour nous, pauvres pécheurs, maintenant, et à l'heure de notre mort. Ainsi soit-il.

Le symbole des Apôtres.

Je crois en Dieu le père tout-puissant, créateur du Ciel et de la terre ; et en Jésus-Christ son Fils unique, Notre Seigneur , qui a été conçu du St.-Esprit, qui est né de la Vierge Marie, qui a souffert sous Ponce-Pilate , qui a été crucifié, est mort et a été enseveli, est descendu aux enfers , est ressuscité des morts le troisième jour , est monté aux cieux , est assis à la droite de Dieu le père tout-puissant , d'où il viendra juger les vivans et les morts.

Je crois au St.-Esprit , la sainte Église catholique , la communion des Saints , la rémission des péchés , la résurrection de la chair , la vie éternelle. Ainsi soit-il.

La Confession des péchés.

Je me confesse à Dieu tout-puissant, à la bienheureuse Marie toujours Vierge, au bienheureux Saint Michel , Archange, au bienheureux S. Jean-Baptiste, aux Apôtres S. Pierre et S. Paul, à tous les Saints et à vous, mon Père, d'avoir beaucoup offensé Dieu par pensées, par paroles et par actions : c'est par ma faute que je suis coupable de tant de péchés, oui c'est par ma faute et par ma très grande faute. C'est pourquoi je prie la bienheureuse Marie toujours Vierge, le bienheureux S. Michel Archange, le bienheureux S. Jean-Baptiste, les Apôtres S. Pierre et S. Paul, tous les Saints, et vous mon Père, de prier pour moi le Seigneur notre Dieu. Ainsi soit-il.

Bénédiction de la Table.

BÉNISSEZ. Que ce soit le Seigneur. Que la main de Jésus-Christ nous bénisse et la nourriture que nous allons prendre. Au nom du Père et du Fils, et du Saint-Esprit. Ainsi soit-il.

Actions de grâces après le repas.

Nous vous rendons grâces pour tous vos bienfaits, ô Dieu tout-puissant ! qui vivez et régnez dans tous les siècles des siècles. insi soit-il.

Heures ses les entrailles de la Vierge

Marie, qui ont porté le Fils du Père éter-
nel ! Et heureures les mamelles qui ont
allaité J.-C. Notre Seigneur. Que les âmes
des fidèles reposent en paix par la miséricorde de Dieu. Ainsi soit-il.

Les dix commandemens de Dieu.

1   Un seul Dieu tu adoreras,
      Et aimeras parfaitement.

2   Dieu en vain tu ne jureras,
      Ni autre chose pareillement.

3   Les Dimanches tu garderas,
      En servant Dieu dévotement.

4   Père et mère honoreras,
      Afin que tu vives longuement.

5   Homicide point ne seras,
      De fait ni volontairement.

6   Luxurieux point ne seras,
      De corps ni de consentement.

7   Le bien d'autrui tu ne prendras,
      Ni retiendras à ton escient.

8   Faux témoignage ne diras,
      Ni mentiras aucunement.

9   L'œuvre de chair ne désireras,
      Qu'en mariage seulement.

10   Biens d'autrui ne convoiteras,
      Pour les avoir injustement.

Les six Commandemens de l'Eglise.

1   Les fêtes tu sanctifieras,
      Qui te sont de commandement.
2   Les Dimanches messe entendras,
      Et les fêtes pareillement.
3   Tous tes péchés confesseras,
      A tout le moins une fois l'an.
4   Ton Créateur tu recevras,
      Au moins à Pâques humblement.
5   Quatre-Tems, Vigiles jeûneras,
      Et le carême entièrement.
9   Vendredi chair ne mangeras,
      Ni le samedi mêmement.

Les sept Sacremens de l'Eglise.

Baptême, Confirmation, Pénitence, Eucharistie, Extrême Onction, Ordre et Mariage.

LES PSAUMES DE LA PÉNITENCE.
Psaume 6.

SEIGNEUR, ne me reprenez pas dans votre fureur; ne me châtiez pas dans votre colère.

*

Ayez pitié de moi, Seigneur, parce que je suis faible ; guérissez-moi, parce que mes os sont ébranlés.

Mon ame est agitée violemment. Mais, vous, Seigneur, jusques à quand me délaisserez-vous ?

Revenez à moi, Seigneur, et délivrez mon ame ; sauvez moi à cause de votre miséricorde.

Car, qui est-ce d'entre les morts qui songe à vous ; et qui vous louera dans le tombeau ?

Je m'épuise à force de gémir : chaque nuit je baigne mon lit de mes pleurs, et je l'arrose de mes larmes.

L'indignation et la douleur ont obscurci mes yeux : j'ai vieilli au milieu de tous mes ennemis.

Retirez-vous de moi, vous tous qui commettez l'iniquité : car le Seigneur a écouté la voix de mes larmes.

Le Seigneur a entendu ma prière : il l'a exaucée.

Que tous mes ennemis rougissent, et

qu'ils soient saisis d'effroi; qu'ils prennent bientôt la fuite, couverts de la plus grande confusion.

Psaume 31.

Heureux ceux dont les iniquités sont pardonnées, et dont les péchés sont effacés.

Heureux l'homme à qui Dieu n'impute plus son crime, et dont le cœur est sans artifice.

Tant que je n'ai point confessé mon péché, je poussais tous les jours des cris inutiles, et dont mes os étaient affaiblis.

Votre main s'apesantissait sur moi sans relâche, mes remords étaient comme une épine qui me causait les plus cuisantes douleurs.

Enfin je vous ai confessé mon péché; et je ne vous ai point caché mon injustice.

J'ai dit : il faut que j'avoue moi-même l'énormité de mon crime au Seigneur, et dans le moment vous me l'avez vous-même pardonné.

C'est ce qui portera tous les Saints à vous prier dans le tems propre à obtenir miséricorde.

Et lorsque les flots de votre colère déborderont, il n'arriveront pas jusqu'à eux.

Vous êtes notre asile contre les maux qui nous environnent: ô Dieu! qui êtes ma joie, délivrez-moi des ennemis qui m'obsèdent.

Je vous éclairerai, m'avez vous dit, je vous instruirai du chemin que vous devez tenir: mes yeux seront attachés sur vous.

Ne devenez pas semblables au cheval ni au mulet, animaux sans intelligence.

Domptez-les, Seigneur, avec le mors et la bride, domptez ceux qui s'éloignent de vous.

Les maux préparés aux pécheurs sont sans nombre; mais la bonté du Seigneur environne ceux qui espèrent en lui.

Vous donc, ô justes! réjouissez-vous dans le Seigneur; glorifiez-vous en lui, vous qui avez le cœur droit.

Psaume 37.

Ne me corrigez pas, Seigneur, dans votre colère, et ne me chatiez point dans votre fureur.

Car vos flèches m'ont déjà percé de toutes parts, et votre main s'est apesantie sur moi.

Votre colère ne laisse aucune partie saine dans ma chair : et la vue de mes péchés me trouble jusque dans la moëlle des os.

J'ai des iniquités par dessus la tête ; c'est un pesant fardeau qui m'accable.

La corruption et la pourriture se sont mises dans mes plaies : tel est l'effet de mon égarement.

Je plie sous la pesanteur de mes maux et je suis à bout ; j'ai traîné partout mon affliction.

Je sens dans mes flancs une ardeur qui me consume ; je n'ai aucune partie saine dans mon corps.

Affligé et abattu à l'excès, mon cœur a poussé des rugissemens dans sa douleur.

Vous les voyez, Seigneur, ces soupirs de mon ame, et mes gémissemens ne vous sont pas inconnus.

Vous voyez le trouble de mon cœur ; mes forces m'abandonnent et mes yeux sont éteints.

Mes amis se sont déclarés contre moi, j'ai vu s'élever contre moi mon propre sang.

Ceux qui m'étaient le plus attachés se sont retirés; tandis que ceux qui en voulaient à ma vie me faisaient violence.

Ceux qui cherchaient à me faire du mal, ont publié des mensonges, et ils méditent sans cesse de nouvelles ruses.

Pour moi, je reste comme un sourd qui n'entend rien, et comme un muet qui ne peut se défendre.

Comme un homme qui n'a point d'oreilles, ni de bouche pour répéter.

Mais j'ai mis, Seigneur, mon espérance en vous; vous m'exaucerez, vous qui êtes mon Dieu.

Je vous ai dit : Que je ne sois point un sujet de joie à mes ennemis; déjà ils se sont vantés en m'insultant, quand ils ont vu mes pieds chancelans.

Néanmoins, je suis prêt à porter vos châtimens : le regret de mon crime m'est toujours présent.

Aussi j'avoue hautement mon péché, et je me le reproche sans cesse.

Cependant mes ennemis subsistent: non-obstant l'injustice de leur haine, ils s'accroissent et se fortifient.

Parce que j'aime à faire du bien, ils médisent de moi, et pour le bien ils me rendent le mal.

Mais vous, Seigneur, ne m'abandonnez pas, ô mon Dieu! ne vous éloignez pas de moi.

Seigneur, Dieu de mon salut, hâtez-vous de me secourir.   Gloire, etc.

Psaume 50.

Ayez pitié de moi, ô mon Dieu! selon votre grande miséricorde.

Daignez effacer mon péché, selon la grandeur et la multitude de vos bontés.

Lavez-moi de plus en plus de mon crime, et purifiez-moi de mon iniquité.

Je la reconnais, cette iniquité; et je me la reproche à toute heure.

Vous seul avez été témoin de mon crime, devant vous seul je l'ai commis; je l'avoue, afin que vous soyez reconnu fidèle dans vos promesses, et irréprochable dans vos jugemens.

Vous savez que j'ai été engendré dans l'iniquité, et que j'ai été conçu dans le péché dès le sein de ma mère.

Vous voulez que l'on vous serve du fond du cœur : pour cela vous m'avez instruit des mystères de votre sagesse.

Purifiez-moi donc avec l'hyssope, et je serai pur : lavez-moi, et je deviendrai plus blanc que la neige.

Faites-moi entendre une parole de joie et de consolation ; et mes os abattus tressailleront d'allégresse.

Détournez la vue de mes offenses, et effacez-les toutes pour jamais.

Créez en moi un cœur pur, ô mon Dieu ! réveillez dans mon sein cet esprit de droiture, dans lequel je marchais autrefois.

Ne me rejetez point de votre présence, et ne retirez pas de moi votre Saint-Esprit.

Rendez-moi la joie de votre assistance salutaire, et par votre esprit de force affermissez-moi.

J'enseignerai vos voies aux pécheurs: et les impies retourneront à vous.

O Dieu! O Dieu, mon Sauveur, délivrez-moi des remords que me causent mes actions sanguinaires, et ma langue publiera avec joie votre justice.

Vous ouvrirez mes lèvres, Seigneur, et ma bouche annoncera vous louanges.

Si vous exigiez des sacrifices, je vous en offrirais; mais vous êtes peu touché des holocaustes.

Le sacrifice que Dieu désire, c'est une ame pénétrée de douleur: ne rejetez pas, ô mon Dieu! un cœur contrit et humilié.

Que mes péchés, Seigneur, n'arrêtent pas vos bontés sur Sion; faites que nous puissions bâtir les murs de Jérusalem.

Alors les sacrifices de justice, les offrandes, les holocaustes vous seront agréables; alors on chargera vos autels de victimes.

Psaume 101.

Ecoutez ma prière, Seigneur, et que mes cris arrivent jusqu'à vous.

Ne détournez pas les yeux de dessus

moi. En quelque temps que je sois dans la peine, prêtez l'oreille à ma voix.

En quelque temps que je vous invoque, hâtez-vous de m'exaucer.

Car mes jours s'évanouissent comme la fumée, et mes os ont séché comme un tison qui a passé par le feu.

Semblable à l'herbe fanée, je suis tombé dans la langueur, parce que j'ai oublié de prendre ma nourriture.

A force de gémir et de crier, je n'ai plus que la peau sur les os. Semblable au hibou, ou au pélican qui n'aime que les déserts, je cherche la retraite et les ténèbres.

Je veille la nuit pour pleurer; je cherche la solitude comme le passereau qui se cache sous un toit.

Mes ennemis m'insultent tout le jour, et ceux qui me comblaient d'éloges conspirent contre moi.

Je mange la cendre comme le pain; et ce que je bois est mêlé de mes larmes.

Je porte le poids de votre indignation; car après m'avoir élevé, vous m'avez brisé contre terre.

Mes jours passent comme l'ombre, et comme l'herbe coupée je suis sans force.

Mais vous, Seigneur, vous demeurez à jamais le même, et l'on célèbre votre gloire dans tous les siècles.

Vous paraîtrez enfin, et vous aurez pitié de Sion, puisque le temps est venu d'avoir compassion d'elle.

Car les pierres de Sion sont chères à vos serviteurs, et ils s'attendrissent sur ses ruines.

Les nations craindront votre nom, Seigneur; et tous les rois de la terre votre puissance.

Le Seigneur a rétabli Sion, et il y a fait éclater sa gloire.

Il a tourné ses regards sur la prière des humbles, et il n'a pas rejeté leurs demandes.

Que ces merveilles soient transcrites pour la postérité, et que le nouveau peuple rende gloire au Seigneur.

Le Seigneur a regardé du haut de son sanctuaire; il a daigné jeter les yeux sur la terre.

Pour écouter les gémissemens des captifs, pour délivrer les enfans de ceux qui ont été livrés à la mort.

Afin qu'il célèbrent son nom dans Sion, et ses louanges dans Jérusalem.

Lorsque les peuples et les rois se réuniront pour servir le Seigneur.

Il a secouru Sion par les ressorts de sa puissance; Seigneur, n'ai-je que peu de jours à vivre?

Ne me retirez pas au milieu de ma course, ô vous dont les années sont éternelles.

C'est vous qui, au commencement, avez fondé la terre; les cieux sont l'ouvrage de vos mains.

Ils périront, tous vieilliront comme un vêtement; mais vous, vous demeurerez toujours.

Vous les changerez comme on change un vieil habit, tandis que vous ne changez jamais, et que vos années ne s'écoulent point.

Les enfans de vos serviteurs auront une habitation stable, et leur postérité subsistera toujours.

Psaume 129.

Du fond de l'abîme, Seigneur, je pousse des cris vers vous ; Seigneur, écoutez ma voix.

Prêtez une oreille attentive à la voix de ma prière.

Si vous tenez, ô mon Dieu, un compte exact des iniquités, qui pourra soutenir vos jugemens ?

Mais vous êtes plein de miséricorde, et j'espère en vous, Seigneur, à cause des promesses que contient votre loi.

Ce sont ces promesses dont mon âme attend l'effet ; mon âme a mis sa confiance au Seigneur.

Qu'Israël donc ne se lasse point d'espérer depuis l'aurore jusqu'à la nuit. Car Dieu est plein de miséricorde ; et la rédemption qu'il nous prépare est abondante.

C'est lui qui rachètera Israël de toutes ses iniquités.

Psaume 142.

Écoutez ma prière, Seigneur, prêtez l'oreille selon votre promesse à mon humble demande; exaucez-moi selon votre justice.

N'entrez point en jugement avec votre serviteur; car nul homme vivant ne sera trouvé innocent à vos yeux.

L'ennemi me poursuit pour m'ôter la vie; déjà il m'a renversé par terre, il m'a réduit à me cacher dans les ténèbres comme ceux qui sont morts depuis long-temps; mon esprit est accablé, et mon cœur est livré aux alarmes.

J'ai rappelé le souvenir des jours anciens; je repasse dans mon esprit toutes vos merveilles; je médite sur les œuvres de votre puissance.

J'ai élevé mes mains vers vous; mon ame vous attend comme une terre sèche, qui demande de la pluie.

Hâtez-vous, Seigneur, de m'exaucer; mon ame tombe dans la défaillance.

Ne détournez pas vos yeux de dessus moi, autrement je serai bientôt au rang de ceux qui descendent dans le tombeau.

Puisque j'espère en vous, faites-moi entendre dès le matin la voix de **votre** miséricorde.

Faites-moi connaître le chemin que je dois tenir, car je désire que mon âme s'élève jusqu'à vous.

Délivrez-moi, Seigneur de mes ennemis, je me jette entre vos bras : apprenez-moi à vous obéir, puisque vous êtes mon Dieu.

Votre esprit plein de bonté, me conduira par un chemin droit, Seigneur, pour la gloire de votre nom, vous me donnerez la vie selon votre justice.

Vous tirerez mon âme de l'affliction, et par bonté pour moi, vous dissiperez les desseins de mes ennemis.

Et parce que je suis dévoué à vous servir, vous perdrez tout ceux qui m'affligent.

Gloire soit au Père, etc.

Ant. Seigneur, souvenez-vous de moi, et ne tirez point vengeance des péchés que j'ai commis contre vous : ne vous souvenez point de mes fautes, ni de celles de mes proches.

TOUL, IMPRIMERIE DE Vᵉ BASTIEN.